儿童职业启蒙百科

CAREER AND VOCATIONAL GUIDANCE FOR CHILDREN

长大后我要做什么

科技商业人才

陈昕 编著

中国大百科全书出版社

图书在版编目（CIP）数据

儿童职业启蒙百科：长大后我要做什么．科技商业人才 / 陈昕编著．
-- 北京：中国大百科全书出版社，2019.5

ISBN 978-7-5202-0488-0

Ⅰ．①儿… Ⅱ．①陈… Ⅲ．①职业选择 - 儿童读物
Ⅳ．① C913.2-49

中国版本图书馆 CIP 数据核字（2019）第 070811 号

儿童职业启蒙百科·长大后我要做什么
科技商业人才

策　　划：刘金双

责任编辑：赵　鑫

特邀编辑：王　艳

美术编辑：郑若琪

插图绘制：噜　咔

装帧设计：参天树设计 TOP TREE DESIGN

责任印制：邹景峰

出版发行　中国大百科全书出版社有限公司
　　　　　（北京市阜成门北大街 17 号　邮编：100037　电话：010-88390759）
印　　刷　蠡县天德印务有限公司
开　　本　720 毫米 × 1020 毫米 1/16　　　　　印　张　5.5
版　　次　2019 年 5 月第 1 版　　　　　　　　印　次　2020 年 1 月第 2 次印刷
字　　数　88 千　　　　　　　　　　　　　　 印　数　10001~20000
ISBN 978-7-5202-0488-0　　　　　　　　　　 定　价　24.00 元

寻 找
未 来 的 你

美好的理想从这里起航

吴正宪
全国特级教师

　　每个人心中都会有美好的愿望，也就是对自己未来的期许：我长大了要像妈妈那样当一名法官，为民伸张正义；我长大了要像爸爸那样当一名工程师，让生活智能化；我长大了要像爷爷那样当一名医生，救死扶伤；我长大了要像阿姨那样当一名教师，教书育人；我长大了要像叔叔那样当一名海军战士，保卫祖国……生活中有许许多多的职业，构筑了一幅幅理想的蓝图。你的理想是什么？

　　《儿童职业启蒙百科·长大后我要做什么》是一套介绍各种职业的书，这里呈现在你面前的未来职业是多姿多彩、多种多样的。它将带你走近不同的岗位，你会在这里看到不同职业的人所从事的工作是什么；它会告诉你"三十六行"行行都可以干得精彩，劳动最光荣。

　　面对着丰富多彩的未来职业，你要弄清楚自己到底想要什么、有兴趣做什么、有能力做成什么，从而设计自己的未来，迈向自己所定义的成功之路。其实，每个人都是自己人生的总设计师，每位同学都应该对自己的兴趣、能力、

需要等个性因素进行全面的分析，充分认识自己的优势与劣势，寻找自己最擅长的领域和专业发展方向，在最适合自己的领域或空间谋求最大的发展。

这本书为你依据自身特点进行自我设计提供了一个辅助工具。职业理想就是一个人自主学习、自我管理、自我成长的方向标。个人规划具有引导性和矫正性，凡事预则立，不预则废。要明确自己的发展志趣、发展的方向和路径，路径一旦确定，就要明确期望达到的结果，综合考虑自己的个人特点和环境因素，确定现实的发展目标。目标包括长期目标和短期目标，其具体程度因规划的长远性而不同，越是短期目标越应当具体，长期规划中也应当包括较为具体的阶段性目标。目标是一步一步实现的。

千里之行，始于足下。我们既要有脚踏实地的干劲，又要有仰望星空的境界，不断寻找自己感兴趣又让自己着迷的职业，在服务他人、服务社会的过程中发展自我、成就自我。

准备好了吗？打开这本书，让我们循着墨香，听从心的呼唤，做出自己的选择。

美好的理想，从这里起航！

鞠萍
中央电视台少儿节目主持人
———

亲爱的小朋友，你听过《长大后我就成了你》这首歌吗？长大后，你想成为什么样的人呢？每位小朋友都是独特的自己，你的职业理想在成长过程中的每一天都在影响着你。但是有一点很重要，大人们说"因材施教"，也就是说你长大后要做什么，与自身条件密切相关，需要从你的兴趣出发确定方向，并为实现理想而努力学习。加油吧！

欧阳自远
中国科学院院士
———

从地球到月球，距离38万千米，宇宙飞船只要十几天就可以抵达，而人类的宇宙探索之路走了几百万年！亲爱的小读者，假如你立志做一名宇航员，那就要继承前人的梦想与成就，再加上自己的不懈努力，你一定会飞得更远！今天的你仰望星空，明天的你将遨游太空！

位梦华
地质学家
———

你看到过真正的地球吗？没有，你看到的只是地球的一小部分，而且只是地球的表皮。你想知道石头里面有什么矿物吗？你想知道为什么会有大山、河流和湖泊吗？你想知道地球内部是什么样子吗？那就加入地质学家的行列吧！好好学习，锻炼身体，意志坚强，不怕吃苦，你将会揭开地球的奥秘！

张思莱
儿科专家
———

每一个小生命来到世间，带给人们的那种悸动与惊喜，无以言表。接下来，成长是欢乐，也是烦恼，但终究有着规律可循。也许长大后的你掌握了幼儿身心成长的密码，愿意为无数充满困惑的家长提供育儿"圣经"，让他们少走弯路。这份事业，功德无量。

张之路
儿童文学作家
———

老师没有让你写作文，可是你却忍不住要写。每个正常的人都有表达自己思想的意愿，把自己想说的写出来是一种快乐。有一天你写的文字还能够打动别人，让他们得到安慰和启迪，你就会感到幸福。这个工作就是写作！当一个作家，不但要知道别人的幸福，还要懂得别人的苦难。因此，作家必须知道未来的幸福属于你，未来的痛苦和挫折也属于你！

星 寄 语

李肖霖
律师

就像一枚硬币，有着正反两面；就像阳光照射的地方，总是伴随着阴影……每一天，人性中的天使与魔鬼都在交战，谁来保佑社会安宁？相信勇敢正直的你，在不久的将来可以拿起法律武器，做公平正义的守护神！

春天姐姐
中央人民广播电台主持人

一个小小的录音间，面前摆放着录制播出系统，戴上耳机，对着话筒开始说话，声音立刻穿越千山万水，传遍天南地北，多么神奇！想当电台、电视台的播音员或主持人可不容易，需要从小磨炼嘴上功夫，还要多读书、爱学习，增加知识储备，提升内涵修养……热爱广播、喜欢语言艺术的小伙伴们加油啊，我等着你成为我！

吕远
词曲作家

这世间，再也没有哪种语言，能够像音乐那样瞬间直抵人心。无论你是谁，也无论你身处何方，你都无法抗拒它的吸引。亲爱的小读者，如果你热爱音乐，不妨认真学习它、体味它的美妙，让它使你的一生幸福美好。

吴吉明
建筑师

搭积木是儿时的我最喜欢的游戏。那七彩的几何木块儿像被施了魔法，幻化出千变万化的造型。创造的过程令人欣喜，更激发了我们对这个世界的无尽好奇与探索热情。人人都是天生的建筑师，未来的世界正等着你去创造。亲爱的小读者，今天的你在描绘着怎样一幅美丽蓝图？

李进
消防老兵

消防员是勇敢者的象征，是面对浓烟烈火逆行而上的英雄。如果你想成为赴汤蹈火队列中的一员，那就从现在开始的每一天，苦练体魄，勇练胆量，巧练技能……在未来的某一天，在危险来临的那一刻，你的冲锋不知将为多少人送去安宁！

CONTENTS
目录

CONTENTS
目录

自然科学世界

> 你要知道科学方法的实质，不要去听一个科学家对你说些什么，而要仔细看他在做什么。
> ——阿尔伯特·爱因斯坦（美国物理学家）

科学家是对真实自然和未知环境进行研究、探索、实践的人。他们往往会运用科学合理的方法，对物质世界进行重新认识，以此揭示物质世界的奥秘。

数学家：数字先行者

数学家是专注于数学研究的人，他们通过数据、空间、结构等来解释世界，解决现实工作中出现的各种问题。仔细观察一下生活，数学真是无处不在呢！

在人类生活中，数学发挥着重要的作用，它是学习和研究现代科学技术不可或缺的基本工具。

了不起的中国数学家

★**祖冲之：**中国南北朝时期著名数学家，是第一个将圆周率计算至小数点后七位，即 3.1415926 和 3.1415927 之间的人。

★**华罗庚：**中国著名数学家，在解析数论、矩阵几何学、自守函数论等多方面具有突出成就，是中华人民共和国数学学科奠基人之一。

★**苏步青：**中国著名数学大师，创建了中国微分几何学派。这是中国数学科研工作中取得的一大成就。

数学家

数学奖项

中国著名的数学奖项有华罗庚数学奖、陈省身数学奖等。国际上著名的数学奖项有菲尔兹奖、沃尔夫数学奖等。

物理学家：揭秘世界的运行规律

世界的构成是什么样的？地球有着怎样的运行规律？你是不是经常有这样的疑问？别着急，物理学家会告诉你答案。

物理学家通常是指对物理学领域有深入研究的科学家，他们经常通过做实验来研究世界万物的一般规律，解释我们身边产生的各种奇怪现象。大到整个宇宙，小到基本粒子，都在物理学家的研究范围之内。

物理学家分两派

根据不同的研究方式，物理学家通常分为理论物理学家和实验物理学家。

物理学家在进行研究时，经常需要进行大量的计算。因此，物理学家对数学也十分精通呢！

物理学家

了不起的物理学家

★**钱学森**：中国著名物理学家，中国近代力学奠基人和开创者之一，在航空工程、空气动力学、物理力学等技术领域做出了突出的贡献，被誉为"中国航天之父"。

★**牛顿**：英国著名物理学家，提出万有引力定律和三大运动定律，被誉为"百科全书式的全才"。

★**爱因斯坦**：犹太裔物理学家，曾获得诺贝尔物理学奖。他提出的相对论为核能开发奠定了理论基础，开创了现代科技的新时代，被誉为继伽利略、牛顿之后最伟大的物理学家。

化学家：元素研究者

　　化学家主要是指在化学领域有深入研究的科学家，他们在工作中经常需要做实验。除了研究物质的形成、性质、结构以及变化规律外，化学家还会通过化学实验创造出新的物质。我们生活中很多常见的物品都与化学研究息息相关呢！

了不起的化学家

　　★**侯德榜**：中国著名化学家，"侯氏制碱法"的开创者。在"侯氏制碱法"产生后，中国才有了属于自己的制碱工艺。

　　★**门捷列夫**：俄国化学家，发现了化学元素周期律，并编制了元素周期表。

　　★**玛丽·居里**：又称居里夫人，波兰裔法国著名化学家、物理学家，因发现元素钋和镭而获得诺贝尔化学奖。

化学家在做实验

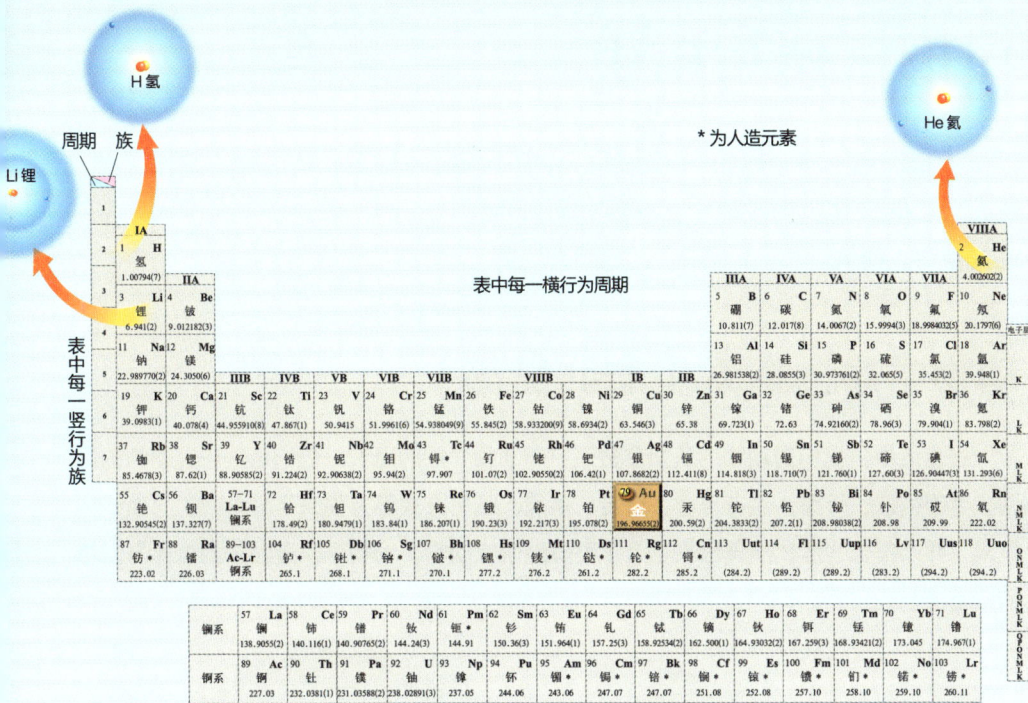

H 氢

He 氦

Li 锂

周期 族

*为人造元素

表中每一横行为周期

表中每一竖行为族

元素周期表

化学的"大家庭"

　　化学家的研究领域非常广泛，包括无机化学、有机化学、物理化学、生物化学、高分子化学、核化学等。

成为一名科学家，你需要……

★ 热爱科学，精通数学、物理、化学等方面的相关知识。
★ 爱动手、爱动脑，具有钻研精神，敢于质疑与创新，熟练掌握科学实验方法。
★ 有良好的逻辑思维、观察、分析判断等能力。

　　科学家还要善于观察生活、关注科技发展，让科学真正融入生活。毕竟科学研究的最终目的，就是让人们的生活变得更美好、更便捷。

探索自然与历史

　　大自然是一座丰厚的知识宝库，其中不仅有多种多样的生物、地理资源，还有灿烂的文化。为了进一步探索和更好地保护它们，很多学者会深入大自然进行观察、研究。

动物学家：探索生命的奥秘

　　在生活中，我们对动物的认知多数来自于动物学家的研究，他们通过研究动物的类别、生理构造、行为、生存环境、遗传、疾病、驯化方式等方面来了解动物，总结研究成果，并以报告的形式展现出来。为了更好地研究动物，动物学家还经常到野外与动物们亲密接触呢！

动物学家与动物亲密接触

我国濒临灭绝的十种动物

1. 古朴国宝：大熊猫
2. 仰鼻蓝面：金丝猴
3. 长江奇兽：白鱀豚
4. 中华之魂：华南虎
5. 东方之珠：朱鹮
6. 堪称国鸟：褐马鸡
7. 孑遗物种：扬子鳄
8. 高原神鸟：黑颈鹤
9. 雪域喋血：藏羚羊
10. "四不像"：麋鹿

中国小动物保护协会

中国小动物保护协会是国家一级专业性社会团体，总部设在北京，是以热爱生命、提倡精神文明和发扬人道主义精神为宗旨，从事改善动物生存条件、保护动物等工作的动物保护组织。协会建立了救护收容小动物的爱心教育基地，使受摧残、被抛弃的小动物们有了一个避难所。

了不起的动物学家

★ **周明镇：**中国古脊椎动物学家，中国恐龙研究领域的权威。
★ **赵尔宓：**中国著名两栖爬行类动物学家。
★ **珍妮·古道尔：**英国动物学家，致力于野生动物的研究、教育和保护。

成为一名动物学家，你需要……

★ 热爱大自然、热爱动物。
★ 拥有丰富的专业知识，了解动物的习性和特点等。
★ 能够熟练使用相关研究器材与设备。
★ 善于观察，具有良好的野外考察能力和记忆力。

在野外，动物学家可能会遇到动物袭击、感染传染病等危险。不过，正是因为有这些热爱动物的人，我们才能更多地了解动物，为保护动物贡献自己的力量。

植物学家：揭开植物的秘密

植物学家的工作主要是和自然界中的各种植物打交道。他们通过研究植物的形态、分类、生态、分布、遗传、进化等，来更好地发掘植物的价值，让植物为人类提供更多的食物、药物、建筑材料等，并找到保护植物的好方法。

植物学分类

植物学的主要分科有植物形态学、植物生理学、植物遗传学、植物生态学和植物分类学等。

植物学家在养护植物

成为一名植物学家，你需要……

★ 热爱植物、热爱大自然。

★ 能吃苦、爱钻研。

★ 善于观察，具有良好的野外考察能力和分析能力。

★ 具有丰富的植物学知识。

此外，因为植物学家经常会去野外采集素材，如果没有一个健康的体魄也是不行的。

中国十大珍稀植物

水杉、珙桐、金花茶、台湾杉、银杉、望天树、杪椤、金钱松、银杏、鹅掌楸是中国十大珍稀植物。

"世界杂交水稻之父"袁隆平

袁隆平是中国的杂交水稻专家，他先后研发出了"三系法"杂交水稻、"两系法"杂交水稻、超级杂交水稻等著名稻种，极大地提高了水稻的土地亩产量，为我国农业做出了杰出的贡献，被誉为"世界杂交水稻之父"。

记住这些植物学家

★**提奥夫拉斯图斯**：古希腊植物学家，植物学的创始人。

★**黑尔斯**：英国植物学家，植物生理学的创始人。

★**达尔文**：英国著名的生物学家，他不仅精通植物学，还在心理学、人类学、哲学等许多领域做出了重大贡献。我们熟知的"进化论"就是他提出来的。

地理学家：为地球写"传记"的人

地理学家的工作主要是研究地理环境中的自然现象、人文现象等。根据不同的研究对象，地理学家一般可以分为自然地理学家和人文地理学家等。

中国地质博物馆

中国地质博物馆 1916 年成立于北京，是中国最早设立的国家级地质学博物馆。馆中收藏地质标本达 20 余万件，涵盖恐龙化石、古人类化石、珍稀矿石等众多标本和化石，例如巨型山东龙、中华龙鸟等恐龙系列化石，北京人、元谋人、山顶洞人等著名化石。

地理学家在采集土壤样本

了不起的中国地理学家

★ **裴秀**：西晋时期著名的地图学家。他组织绘制了《禹贡地域图》，开创了中国古代地图绘制学。

★ **郦道元**：南北朝时期著名的地理学家。他撰写的《水经注》不仅是一部全面而系统的地理著作，更是一部优美的游记散文集，开创了我国游记文学的先河。

★ **徐霞客**：明代地理学家。他撰写了地理名著《徐霞客游记》。其开篇之日——5月19日被定为中国旅游日。

★ **李四光**：中国现代地质学家。他是中国地质力学的创立者，建立了中国的地质科学研究体系。

成为一名地理学家，你需要······

★ 掌握地理学、人文历史等相关知识。

★ 熟悉地理勘测相关器材的使用方法。

★ 热爱地理研究，喜欢周游四方。

★ 有良好的身体素质和坚持不懈的探索精神。

郑和下西洋

郑和是明朝著名的航海家、外交家。从永乐三年（1405年）至宣德八年（1433年），他带领明朝的庞大舰队"七下西洋"，最远到达非洲东岸肯尼亚，访问了亚非沿岸三十多个国家和地区。其前三次主要任务是在东南亚和南亚建立国际和平安宁的局面，以扬明朝声威；后四次主要任务是向南亚以西继续航行，通过开辟新航路，让海外国家"宾服"于明朝朝廷。郑和下西洋是中国古代规模最大、时间最久的海上航行，也是15世纪末欧洲地理大发现以前世界历史上规模最大的一系列海上探险。

考古学家：探索历史文化

考古学家通过挖掘古迹、古文物、古生物遗迹等来研究古代历史文化和生物等内容，并对未来地球状况与人类发展做出预测。考古学家的工作内容很多，包括收集资料、考古调查、文物挖掘、文物出土整理和记录等。

成为一名考古学家，你需要……

★ 博古通今，掌握丰富的考古知识和方法。

★ 擅长使用各种考古器材，工作细致，有耐心。

★ 具有良好的身体素质和心理素质，能够适应各种考古环境。

此外，考古工作者还要具备崇高的职业道德，不能随便泄露工作内容，更不能私自贩卖文物。

考古学家在清理考古现场

马王堆汉墓

马王堆汉墓入选"世界十大古墓稀世珍宝"。它是中国西汉时期长沙国丞相利苍及其家属的墓葬，位于湖南省长沙市。这里出土了大量西汉时期的珍贵文物，对中国考古学研究具有十分重大的意义。

你知道吗？

随着科技的不断进步，考古学家不仅能通过挖掘出的物品重现昔日的古文化，还能通过挖掘出的骨骼进行建模复原，最大限度地还原古生物的面貌。

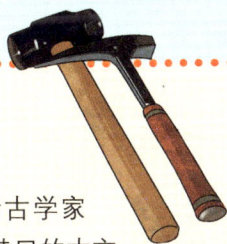

考古学家借助一些考古设备展开工作

天文学家借助天文望远镜观测天象

到外太空去

随着科技的进步，人类对太空的探索越来越深入，漫步太空早已不是梦想。让我们跟随天文学家和航天员，一起去太空看看吧！

天文台

天文台是负责地球大气外天体的观测和研究的机构。在天文台里，天文望远镜是天文学家的眼睛。美国夏威夷的莫纳克亚山、西班牙的加那利群岛和智利的安第斯山脉，是世界上最好的三大天文观测地，因此这三个地方建有许多天文台。

相传，中国早在4000多年前就建立了天文台，不过那时的天文台称为清台。建于明代的北京古观象台是世界上最古老的天文台之一。现在，中国有国家天文台、紫金山天文台和上海天文台三大天文台。这些天文台的天文望远镜大多建在远离城市的山上，大气较稳定、干扰小，几乎不会有雾霾天气，而且没有明亮的灯光干扰天文观测。

天文学家：宇宙的探索者

　　天文学家主要是指从事天文科学研究的人士，他们通过观测宇宙，研究天体的运行规律，探索宇宙奥秘。我们经常能在天文台看到天文学家的身影。

天文学家在天文台上工作

给地球称重

　　地球的质量很大，是不可能直接称出的，天文学家只能从理论上进行计算。就像人称体重一样，体重秤称出的重量实际上是引力作用在人身上的强度。地球越重，引力就越大。因此，科学家们通过测量地球对物体的拉力，就可以计算出地球大概的质量了。

成为一名天文学家，你需要……

★ 喜欢天文学，精通天文、物理、数学等相关专业知识。

★ 了解天文观测仪器的使用方法。

★ 敢于想象，科学求证。

航天员：探索宇宙的实践者

航天员是乘坐航天器进入太空飞行的人。

早期的航天员只需要在太空飞船飞行过程中监视飞船仪表、控制飞船上的各种仪器和设备，现在的航天员不仅是飞船的驾驶员，还是探险家、科学家、航天器工程师、太空教师等。除了要进行舱外活动，完成空间交会对接，他们还要拍摄太空照片，采集太空标本，开展一系列的科学实验，检查、解除航天器故障以及为人们讲解太空科普知识等。航天员真是太了不起了！

除了运载火箭，一些太空飞船还会运载卫星。航天员经常在太空中放入新的卫星，同时把有故障的卫星带回地面。

太空餐

在太空中吃饭和在地球上完全不同。由于太空中没有重力，食物会飘浮起来。为了让航天员能安安稳稳地进食，科学家绞尽了脑汁。早期，航天员的食物被做成药膏状，存放在铝制的软管里，每次吃的时候直接挤进嘴里。现在，航天工作者专门发明了过滤嘴形状的太空餐具，只需将食物进行加热，航天员就可以使用餐具在太空中进餐了。

人造重力

要前往遥远的星球，就需要长期太空飞行，可能要飞几个月甚至几年。如果总要在太空里飘着，会严重影响工作和生活的效率，也不利于航天员的健康。所以科学家们认为，应当在航天器里创造出重力来。当今一般采用的设计，是把航天器做成环形或筒形，让它自转起来，处在环形或筒形内表面上的人和物品在离心作用下，就能脚踏实地。但这种设计太复杂，所以还没有运用到实际太空飞行中。

特殊访客

1957年11月，一条名叫莱伊卡的小狗乘坐苏联的"人造地球卫星2号"成功进入太空，成了来自地球的第一位访客。它向全世界证明哺乳动物可以承受发射的过程和太空的失重环境。可惜的是莱伊卡进入太空几个小时后就死去了，成了一名悲壮的"航天英雄"。

成为一名航天员，你需要……

★ 掌握专业的航天知识，经过专业的培训，具备各项太空任务的执行能力。
★ 具有团队协作能力。
★ 具有良好的应变能力。
★ 具有良好的身体素质和环境适应能力。

航天员是这样睡觉的

在太空中，睡觉也是一个难题。为了避免航天员睡觉时手脚飞起来，太空舱中通常备有供航天员用的睡袋。这些睡袋有的被挂在墙壁上，有的被收进天花板中，是不是很好玩？

"全副武装"的宇航服

面罩
电子监视屏
手套
电动控制板
安全绳
推进器
靴子

头盔
摄影机
生保系统
生保系统供应口
体温控制开关
工具绳
氧气控制开关
载人机动装置
保护层

社会科学世界

文明的发展推动着人类社会不断取得进步，这需要众多专家、学者的共同努力。对于这些专家、学者，你都有哪些了解呢？

人类学家：研究人的人

人类学家是研究人类文明、进化与发展的专家，他们广泛涉猎体质人类学、文化人类学、语言学、考古学等学科，因此一些考古学家、语言学家、民族学家也可以称为人类学家。

人类学家的产生和发展

早期的人类学与解剖学有着密不可分的关系，当时的人类学家十分擅长人体解剖，在 19 世纪中叶以前，他们经常通过公开表演快速解剖尸体来获得人们的信任。人类学家借此大大提升了对人体的了解，同时也推动了人类医学的进步。

人类学家往往是从更广阔的角度研究人类的各种行为的，他们十分擅长在生物、文化等各领域对人类进行总体性观察，并据此提出富有建设性的社会科学论点。

人类学家在研究生物碎片

社会学家：研究我们生存的社会

社会学家主要研究人类社会，从人类社会的起源、组织、风俗习惯，到现代社会的发展与进步……可以说，各个社会群体、各种社会关系、各种社会现象等方方面面都是社会学家的研究对象。

你知道吗？

每当一些极端的社会现象发生时，就需要社会学家分析发生的原因，并指出解决方法。因此，社会学家往往担当着"现实社会分析师"的角色。

社会学家在做调研

哲学家：抽象的智者

提到哲学家，你一定会想到智者。的确，哲学家是在哲学研究上取得极高成就的学者。通过不断研究，他们通常能够发现新的哲学范式，提出原创哲学理论，还能够创造独特的哲学体系。

哲学家在讲课

成为一名学者，你需要……

★ 拥有渊博的知识。

★ 敢于质疑权威，有很强的求知欲。

★ 思维敏捷，善于思考，能够有独到的见解。

★ 为人严谨、理性，能够客观看待问题。

★ 有良好的逻辑思维、分析判断、人际沟通等能力。

为了能够进行深入的了解和研究，学者们经常会到各地做调查，因此要想成为一名优秀的学者，还要有良好的身体素质。

了不起的哲学家

★ **老子：** 中国春秋时期伟大的哲学家、思想家，道家学派的创始人，其著作《道德经》中包含的"无为而治""朴素辩证法"等思想，深深影响了中国社会。

★ **亚里士多德：** 古希腊伟大的哲学家，被称为希腊哲学的集大成者，与苏格拉底、柏拉图并称为"古希腊三贤"。

★ **马克思：** 德国伟大的思想家、哲学家，同时也是政治家、经济学家、社会学家和革命家。他创立了马克思主义，著有《资本论》《共产党宣言》等著作，被誉为"全世界无产阶级和劳动人民的伟大导师"。

军事家：军事活动的实施者

　　军事家擅长制订作战计划、指挥军事活动等，一般来说，战略家、战术家、军事理论家等都可以被称为军事家。

中国古代著名的军事家

　　★**白起**：秦国军事家，一生善于用兵，征战沙场三十多年。其指挥的长平之战，规模之大，战果之辉煌，在世界战争史上也是罕见的。

　　★**孙武**：春秋时期军事家，创作了享誉世界的《孙子兵法》。

　　★**诸葛亮**：三国时期军事家、政治家，不仅指挥了许多著名战役，还发明了"木牛流马"、孔明灯等军事工具。

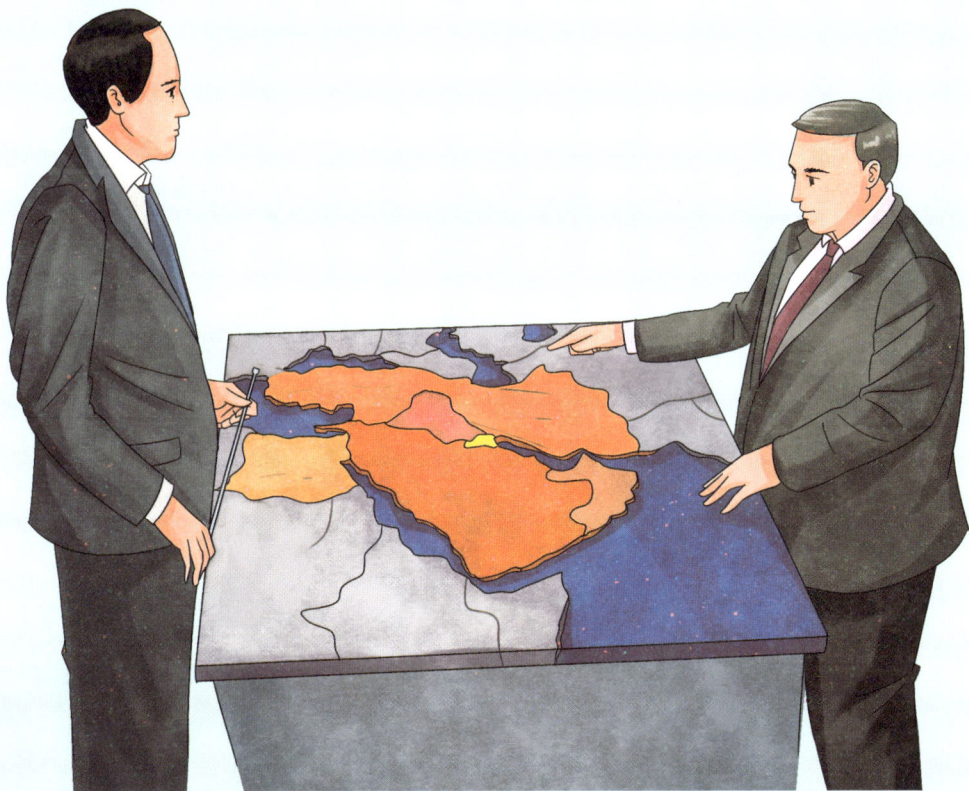

军事家在研究军事形势

中国人民解放军：国家卫士

> 血染沙场气化虹，捐躯为国是英雄。
> ——董必武（中国革命家）

军人是一个神圣的职业。中国人民解放军肩负着保家卫国、抢险救灾等职责，其现役部队主要由陆军、海军、空军、火箭军、战略支援部队组成。

陆军：地面上的"猛虎"

陆军是中国人民解放军的主体力量，可以分为步兵、炮兵、装甲兵、工程兵、通信兵、防化兵、侦察兵、汽车兵、测绘兵等兵种。

中国兵役制度

中国的兵役制度分为两种：一是义务兵役制，又称征兵制，规定公民在一定年龄时必须参军，服一段时间的兵役；二是志愿兵役制，又称募兵制，是公民自愿参军服兵役的制度。目前中国实际执行的是志愿兵役制，但是保留义务兵役制。

特殊战士

军犬是军队中特殊的战士。它们具有超强的感觉能力，可以从事追踪、搜捕、鉴别、爆破等工作。而军犬训练员就是它们背后的无名英雄。

中国陆军的演变

　　中国人民解放军陆军在 1927 年诞生，开始时主要组成部分是步兵、炮兵、工程兵、坦克兵等，兵种数量很少。后来经过多年的战争和发展，尤其是在中华人民共和国成立之后，逐渐发展为包括炮兵、装甲兵、电子对抗部队、陆军航空兵等多兵种的现代化合成部队。

空军：搏击长空的"雄鹰"

　　中国人民解放军空军负责保卫我国的领空主权，经常与陆军、海军协同作战，担负着航空侦察、空中运输和空袭敌方的重任。在我国，空军主要由航空兵、地空导弹兵、高射炮兵、雷达兵、空降兵、气象兵等兵种组成。

你了解空降兵吗？

空降兵，也叫伞兵。在作战时，他们经常通过跳伞的方式，空降到战场上。不管是难以攻陷的高地、宽阔的江河、高耸入云的山脉，还是遮天蔽日的雨林，他们都能够抵达。

空降兵的最大"武器"就是空降兵伞了。一般来说，空降兵伞由引导伞、稳定伞、伞衣套、主副伞衣、伞绳、背带系统、伞包、脱离装置、开伞部件和提伞袋等部分组成。

作为一名空降兵，必备的技能就是叠伞。在我国，通常由两人协同叠伞，10分钟左右就可以将伞叠好。

女兵

在军队中，女兵是一道亮丽的风景线。通常，女兵多在后勤部、机关或军事院校工作，很少成为步兵。不过，也有一些女兵成为飞行员和通信员。

海军：碧水"蛟龙"

中国人民解放军海军是我国的海上武装力量，包括水面舰艇部队、潜艇部队、海军航空兵、海军岸防兵和海军陆战队等兵种，主要负责防御敌人的海上入侵，保卫国家领海主权。

辽宁舰

2012 年 9 月 25 日，中国首艘航空母舰——辽宁号航空母舰正式交付中国人民解放军海军。2013 年，辽宁舰赴中国南海进行海上综合演练，并以辽宁舰为主，编组包括 20 艘各类舰艇的航空母舰战斗群。而这一次演练也是西太平洋地区除美国海军演练外，最大的一次单国海上兵力集结演练。它标志着辽宁舰已具备海上编队战斗群能力。

火箭军

　　1956 年元旦，"中国火箭之父"钱学森给中国共产党高级将领授课。在授课时，钱学森明确提出，中国应设立独立于海陆空之外的火箭部队，"火箭军"之名由此而来。

　　2015 年 12 月 31 日，我国正式成立了一个战略导弹部队——火箭军。它主要担负核威慑和核反击等重任，也会执行一些常规军事作战任务，是维护国家安全的重要基石。它的前身是第二炮兵部队。

联合国维和部队

在国际上，有这样一支部队，他们受联合国大会和安全理事会委派，负责维护国际上有冲突的地区的治安。这就是联合国维和部队，它由联合国成员国自愿提供兵员。在执行维和活动之前，维和队员都会被送到北欧四国的训练中心，接受特殊训练。中国维和部队是中国政府根据国际法准则和联合国相关决议派出的一支特殊军事部队。它是联合国维和部队的一个分支机构，主要负责制止地区冲突，维护地区和平。

维和部队队员们的英姿

特种兵

特种兵是专门执行一些特殊任务的兵种，他们往往具有极强的单兵作战能力，能够在各种恶劣的条件下完成任务。我国的特种兵包括陆军特种部队、海军陆战队、空军空降兵和武警特警等，他们执行的任务往往具有高难度性、高保密性和高敏感性等特点。

成为一名军人，你需要……

★ 身体健壮，意志顽强，能够在各种恶劣的条件下接受训练和作战。

★ 具有优良的品质，正直、勇敢、爱国，有责任心和荣誉感，服从领导指挥，严格遵守纪律。

★ 接受严格的体检，检查结果必须合格。

IT 精英

　　科技改变生活，IT 行业的兴起与发展让世界变得更加丰富多彩。IT 行业的职业科技含量非常高，所以常被人们誉为"精英职业"。

计算机硬件工程师：调控电脑装备

　　计算机硬件工程师是这样一类人：他们熟悉计算机市场行情，负责制订计算机组装计划，选购组装需要的硬件设备，并能合理配置、安装计算机和外围设备，安装和配置计算机软件系统，并对硬件和外围设备进行保养，处理故障。随着电子科技的飞速发展，计算机硬件工程师的工作对象不仅包括计算机，还包括其他一些电子设备。

计算机硬件工程师在调试电子设备

什么是计算机硬件?

只要是与计算机相关的电子设备,都可以统称为计算机硬件。比如计算机主机箱、硬盘、显示器等。

什么是软件?

软件是互联网科技的产物,它是一种数据、指令,是一种看得见但摸不着的产品。在后面,我们会为大家详细介绍与软件相关的职业。

"银河"亿次巨型计算机

1983 年 12 月,中国第一台每秒钟运算达一亿次以上的计算机——"银河"投入使用。"银河"巨型计算机是由中国国防科技大学研制的一系列巨型计算机。它能广泛应用于天气预报、空气动力试验、工程物理、石油勘探、地震数据处理等领域,使我国成为世界上少数几个能发布 5 至 7 天中期数值天气预报的国家之一。"银河"的问世,标志着我国计算机技术发展到了一个新阶段。

你可以
这样来区分它们

硬件——看得见、摸得着的电子设备;
软件——看得见、摸不着的应用程序。

成为一名 IT 精英,你需要……

★ 熟练掌握计算机专业知识和技能。

★ 熟悉计算机语言,能熟练运用计算机操作系统。

★ 计算机硬件工程师要了解各种各样的电路设计,会使用不同的电子元器件;软件工程师要有创造力,善于开发新的应用软件与系统。

程序员：开发计算机程序

网站程序员负责编写代码，通过这些代码，普通的网站会变得更美观、更好用。

网站程序员、财务软件程序员、游戏软件程序员等不同领域的程序员编写的程序内容也各不相同。

互联网平台、软件公司等都需要程序员。很多时候，程序员需要团队合作来完成一个项目，所以做一名优秀的程序员，还要善于和他人沟通。

程序员趣称

由于工作原因，程序员经常需要长时间面对电脑，因此很多人对程序员的印象是：像原始人一样，不修边幅，因此趣称他们为"程序猿"。

此外，由于程序员需要编写代码，所以他们又被称为"耕耘代码的农民"，简称"码农"。程序员还有很多有趣的别称，如"码奴""码畜""IT男"等。虽然如此，程序员在 IT 行业中占据着举足轻重的地位，一直是很多人羡慕的职业。

程序员在编写程序

网络工程师：熟练运用网络技术

网络工程师的工作内容包括网络系统的设计、运行和维护，以及安装、调试网络设备。

在 IT 行业，网络工程师是不可或缺的技术人员。随着社会信息化发展，这一职业的需求量也越来越大。

网络工程师的特点

★网络工程师掌握着一个企业的核心网络构架和安全技术，因此很有竞争优势。

★网络工程师人才缺口较大，因此是高薪水、高福利追求者的目标职位。

★网络工程师就业面广泛，适用于多个领域。

网络工程师在调试网络设备

游戏开发工程师：开启创意无限的游戏世界

互联网科技催生了许多新兴职业，游戏开发工程师就是其中之一。生活中常见的网络游戏、手机游戏等就是游戏开发工程师的杰作。随着游戏市场的不断扩大，这一职业越来越受到人们的喜爱。

游戏开发工程师的工作主要是设计、开发游戏，维护游戏平台等。一款游戏的开发、设计，不仅需要游戏开发工程师，还需要游戏测试、美术设计、音效制作等人员。

游戏开发工程师在开发游戏

游戏测试员：工作不只是玩游戏

很多游戏玩家都非常羡慕游戏测试员，没错，游戏测试员的主要工作是——玩游戏！但这种看似好玩的工作，并没有想象中那么简单。

游戏测试员需要分析不同玩家的喜好，对游戏进行一轮又一轮的测试，将玩游戏过程中发现的各种问题进行整理、写成报告，并与游戏开发工程师进行沟通。

手机应用开发工程师：让手机更智能

在我们的生活中，智能手机越来越普遍，我们可以用手机购物、看电影、听音乐等。这些五花八门的手机软件主要是由手机应用开发工程师设计、制作出来的。

手机应用开发工程师的工作内容

★ 手机应用程序开发；

★ 手机视频播放器开发；

★ 手机游戏开发；

★ SIM 卡应用开发。

手机应用开发工程师不仅要进行一系列开发设计，还要提供现场技术支持。随着移动互联网时代的到来，人们对手机功能的要求越来越高，因此，手机应用开发工程师的就业前景是比较乐观的。

手机应用开发工程师

数据库工程师：大数据时代的守门员

数据库工程师的工作主要是管理和维护数据库系统。

数据库工程师

客户

发票

产品

分销商

订单

原料

项目

什么是数据库？

在信息时代，各种各样的信息资源充满了我们的生活，为了更有效地管理、利用这些资源，人们将它们分门别类，建立起一个个资源库，这就是数据库。数据库中的内容十分庞杂，因此需要由数据专家来管理。

警惕黑客！

数据库是一座虚拟的"仓库"，它有一个强大的敌人，那就是"黑客"。黑客是指一些拥有高超计算机本领的人，他们之中的一些人会攻破数据库安全系统，盗取里面的重要资源，用这些资源来牟利。数据库工程师需要时刻警惕黑客的攻击。

动画制作者：创作有趣的动画作品

随着科技的发展，动画产业越来越发达，其衍生出的职业也越来越多。制作一部动画通常需要脚本作家、原画师、动画师、动作捕捉演员、配音演员、后期制作等人员协作。

①

②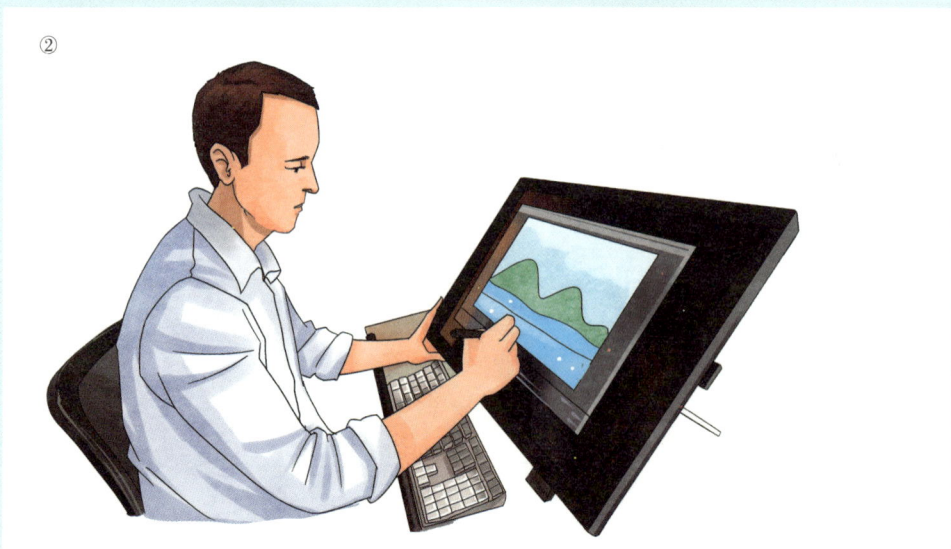

动画创作流程

①脚本作家撰写动画脚本、设计动画分镜。

②原画师绘制人物形象、动画场景等原画插图。

③动画师将手绘图传到电脑里，为画面上色，为人物设计动作，制作特效等，将静态的画面转成动画。

④动作捕捉演员穿着安装有传感器的衣服进行表演，动作捕捉系统将真人的动作记录下来，为动画人物提供素材。

⑤配音演员为动画配音。

⑥通过剪辑、合成等后期制作，动画作品便最终完成。

③

④

⑤

⑥

成为一名动画制作者，你需要……

★ 热爱动画制作，掌握动画制作相关知识与技能。

★ 具有良好的艺术素养，有创意，善于沟通协作。

★ 剧本创作人员要有一定的文学素养、写作功底等；画师与相关美术人员要有良好的美术修养；配音演员要掌握配音方面的专业知识与技能，声情并茂。

了不起的动画大师——宫崎骏

宫崎骏是日本著名的动画师、动画导演和漫画家，他的作品用率真、诚实的人物形象和引人深思的情节来传递和平、环保和博爱的理念。2014 年，宫崎骏荣获奥斯卡终身成就奖。他的代表作有《千与千寻》《龙猫》等。

《千与千寻》讲述了少女千寻意外进入神灵异世界后，为了救爸爸妈妈而历尽磨难的故事，在第 52 届柏林电影节上荣获金熊奖，成为电影史上第一部获得国际电影节最佳电影奖的动画作品。

少女千寻的人物造型

有趣的声音

动画作品中的声音通常包括语言、背景音乐、音响。这些声音是从哪里来的呢？

语言（包括对话、笑声、哭声等），是由配音演员发出来的。配音演员十分擅长变音，大家千万不要单凭动画人物的外貌特征来判断配音演员的年龄、性别哟，而且有些配音演员甚至可以给多个角色配音呢！

背景音乐主要用来表达情感、渲染气氛等。大型的背景音乐往往还需要请音乐家专门制作呢！

音响效果一般包括动作音响、自然音响、机械音响等，在动画中，很多音响效果都是人为制造出来的呢。比如，骨折的声音其实是工作人员拧断了一根黄瓜发出来的；打雷的声音是工作人员在用力抖动铁皮。

在证券界

> 风险来自你不知道自己正在做什么！
> ——沃伦·巴菲特（美国著名投资商）

　　随着大众理财意识的提高，越来越多的人开始投资证券。不过，证券投资可不是一件简单的事，人们投资时往往要求助于专业的证券人士。

证券交易所

热闹的证券交易所

　　以前，证券交易所内大多采用人工喊话和打手势的方式来进行交易，十分热闹。随着电子交易方式的日益盛行，这种人工喊价的交易方式逐渐被替代，交易所工作效率大大提高，也不像之前那么吵闹了。

证券分析师：高门槛信息服务咨询专家

证券分析师又叫股票分析师或股评师，他们拥有证券投资咨询业务资格和执业资格，能够针对证券市场的走向及趋势判断投资证券的可行性，并将自己的分析、预测和建议提供给投资人或投资机构。

证券分析师与证券投资顾问的区别

★狭义来说，证券分析师为机构客户提供投资建议，而证券投资顾问为股票投资者提供投资建议。

★证券分析师通常在总部研究部工作，而证券投资顾问则通常在营业部工作。

★证券分析师通常注重研究性，建议层次较高；而证券投资顾问则通常面向客户咨询，层次相对较低。

★证券分析师通常提供内部自营、内部资管和外部基金方面的服务，而投资顾问基本上为个人客户提供服务。

证券分析师分类

证券分析师通常有卖方分析师和买方分析师两种：前者在证券公司任职，为投资者做投资决策提供建议，以此来帮助证券公司获得经纪佣金或推销发行股票；后者在基金管理公司或保险公司等从事证券投资的机构任职，主要为内部投资决策提供建议，为本机构获得投资收益。

证券分析师在为顾客分析证券

成为一名证券工作人员，你需要……

★ 熟知金融、财务、证券和法律等专业知识，通过相应考试。

★ 头脑灵活，积累丰富的证券交易经验。

★ 擅长人际交往，能够快速了解客户的想法。

在证券交易过程中，证券工作人员经常需要为客户管理大笔金钱。这要求证券工作人员遵守职业道德和相关法律法规，保证客户财产不受损失。

保荐代表人：推荐企业上市

一家公司想要上市，需要保荐代表人进行推荐和担保。在我国，想要上市的公司需要证券公司的辅助，而保荐代表人主要来自证券公司，他们不仅要承担推荐公司上市的职责，同时还要向投资者担保上市公司的信息披露行为。此外，保荐代表人还有调查、监督、辅导以及咨询和保密等职责。

保荐代表人在为企业上市进行推荐

在经济领域

国家的强盛离不开经济的发展，经济领域有很多工作人员，他们每天的工作就是和经济打交道。

注册会计师 公司里的财务管家

注册会计师主要为企业提供会计、税务、财务审计等业务服务。注册会计师又分为执业注册会计师和非执业注册会计师，前者负责财务审计和资产评估，后者掌管企业财务。

除了注册会计师，经济行业还有会计员这个职业。会计员主要负责日常的财务核算、监督等工作。

审计师 监督财务的人

审计师负责对企业的财政、财务收支状况及其他经济活动进行检查和审计。收集、整理原始审计资料，并做好建档工作，执行审计流程，撰写审计报告等，这些都是审计师的日常工作。审计师在企业中占据着重要地位。

> 　　一切经济最后都归结为时间经济，一切节省都归结为时间的节省。
> 　　　　　　　　——马克思（德国思想家）

财务顾问 提供财务咨询服务

财务顾问具备专业的财务知识，他们通常为个人、企业、政府或整个金融行业提供财务咨询方面的服务。企业在收购上市公司时，会聘请财务顾问来完成收购工作。

金融风险管理师 将风险控制到最小

金融风险管理师的职责是管控风险，他们负责为企业预估潜在风险，并想办法将风险降到最低。通常，银行、证券公司、学术机构、政府管理机构、资产管理机构、保险公司和非金融性公司等都会雇佣金融风险管理师来管理风险。

资产评估师 测一测你的资产价值

资产评估师是专业的资产评估人员，主要负责评估资产。企业进行兼并、出售、联营、合作、清算、租赁、重组时，就需要资产评估师来对企业资产进行估价，用数字展现出企业的价值。

为了能够准确地评估，资产评估师往往需要深入企业收集并核实资料，通过精细的计算得出评估结论。

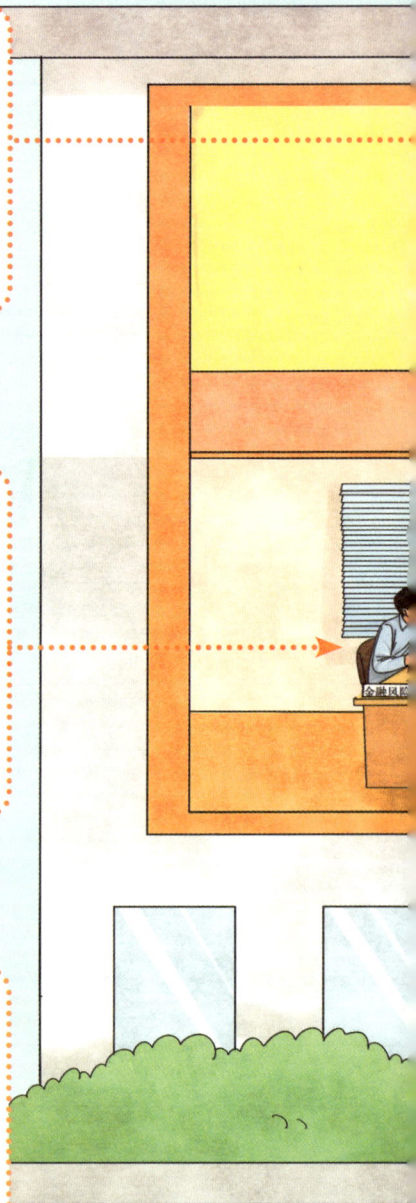

国际商务人员

财务顾问

在经济领域工作，你需要……

★ 掌握经济、财务、国际商务、法律等相关专业知识和技能，取得相应的职业资格证书。

★ 具有良好的沟通能力、谈判能力和灵活应变能力。

★ 精通财务报表，了解企业运作。

★ 喜欢研究数据，数学水平较高。

报关员：负责进出口货物的申报

报关员也叫企业海关经纪人，一般代表企业到海关办理进出口货物报关、纳税等通关手续。报关员不仅要掌握一定的报关专业知识和技能，同时还需要学习国际贸易、物流等专业知识，精通海关法律、法规，熟悉海关业务办理流程。

报关员办理通关时通常需要经过这些程序

★**申报：**准备各种报关单证，办理报关手续。

★**查验：**接受海关核查货物，检验是否与申报内容相符。

★**征税：**解答海关征税部门所提出的疑问，并凭借缴款通知书缴纳相关税款。

★**放行：**领取放行单和一系列相关证件，并提走货物。

报关员在办理报关手续

国际商务人员：办理国际贸易的人

现在，我们不必出国就可以买到很多来自外国的商品。同样，外国人不必来中国，也可以买到很多中国的商品。这一切都要归功于国际商务人员，他们的工作主要是从事国际商务贸易。

根据工作内容的不同，国际商务人员可以分为国际市场营销员、进出口业务员、专职谈判人员、外贸单证员、国际物流师、保险商检员、国际汇兑员、结算员、外销员、跟单员、报检员、货运代理等。

国际商务人员不但要掌握国际商务知识，还要了解不同国家的政治、经济、文化状况，这样才能更好地与外国商人打交道。

国际商务人员在进行谈判

经济计划人员：为行业发展做规划

经济计划人员主要负责为企业制定生产计划，监督生产流程。他们的工作内容包括研究行业发展方向、分析市场变化、制订生产计划、监督生产实施、办理相关手续等。

了不起的银行家——陈光甫

陈光甫是中国著名的银行家，他于1915年创建了上海商业储蓄银行，并在二十年的时间内，将该银行建成了中国第一大私人商业银行，同时还发展了很多银行分支。陈光甫在中国金融史上创造了一大奇迹，被称为"中国最优秀的银行家""中国的摩根"。

经济计划人员在分析数据

营销策划师：品牌塑造者

　　这是一个品牌竞争的时代，营销策划师的主要职责，就是通过各种渠道对品牌进行宣传、包装，从而提高品牌的知名度，让消费者认可并购买这一品牌的产品。

品牌策划师在进行品牌宣传

成为一名营销策划师，你需要……

★ 像学者一样了解许多知识，为品牌注入文化背景。

★ 像艺术家一样用美和创意来包装品牌。

★ 像侦探一样具有敏锐的观察力，能对市场做出正确判断。

★ 像外交家一样拥有良好的交际能力，能与各种各样的人打交道。

在银行

银行是人们日常生活中比较常见的金融机构之一。接下来我们一起走进银行，看看银行工作人员是如何工作的。

清算员 把账做个汇总

清算员主要负责对人民币和外币进行基本清算和数据核对、执行清算资金的收付、整理会计档案等。

外汇管理员 游走在外汇市场

外汇管理员主要负责外汇买卖、资金拆借和调拨头寸等工作。外国货币、外币存款、外币有价证券、外币支付凭证等都属于外汇。不过，不是所有的外国货币都能成为外汇，只有美元、欧元、日元、英镑等货币能进行外汇买卖和交易。而所谓的头寸又叫"头衬"，其实就是款项。当银行当日收入款项大于支出时，为多头寸；当收入款项小于支出时，为缺头寸，此时外汇管理员要设法调进款项，叫调头寸。

信用卡业务员　提供信用卡服务

信用卡业务员主要负责信用卡的办理。除此之外，信用卡业务员还会为我们管理信用卡。无论在使用过程中遇到什么问题，我们都可以咨询信用卡业务员，请他们帮忙解决。

银 行

信托员

信托员　代为管理他人财产

信托员主要负责办理与信托相关的各类事务。他们既要拓展信托项目，对项目进行风险评估和管理，同时又要负责将信托产品推荐给客户，为其办理信托业务。

银行国外业务员　办理与外币相关事宜

银行国外业务员主要办理与外币相关的业务，例如办理境内或境外外汇贷款、代理外国银行在国内的业务、进行国际贸易结算、为客户提供海外融资服务等。

储蓄员 **办理存储业务**

储蓄员是我们经常见到的银行工作人员，他们在银行柜台工作，直接接触客户，为客户办理存款、取款、转账等业务。储蓄员需要接待不同的客户，满足他们的各类业务需求，因此储蓄员需要保持足够的耐心和细心。

信贷员 **负责银行借贷业务**

信贷员在银行专门负责办理贷款业务。当个人或企业向银行贷款时，信贷员会先对贷款方的经济实力等进行调查，判断贷款方是否具有还款能力。

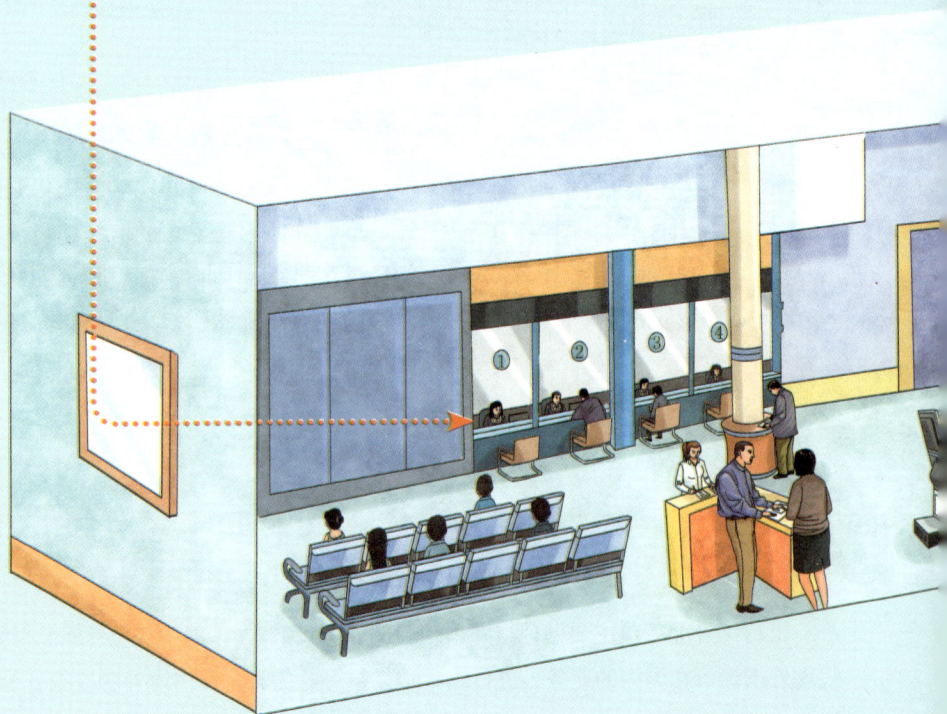

成为一名银行工作人员，你需要……

★ 掌握金融、经济等相关专业知识和技能，熟悉各项银行业务的办理流程。
★ 擅长言谈交际，具有良好的沟通能力。
★ 通过银行业相关考试和审核认证。

　　有时候，银行工作人员还会与外国人打交道，通用的外语主要是英语，所以会说一口流利的英语也很重要。

你知道吗？

　　如果发现纸币破损，可以去银行兑换全额或半额钱币。一般来说，面额能够识别，并保留四分之三或以上的票面，且票面上的图案和文字均能重新连接起来的，可以全额兑换；面额能够识别，并保留二分之一或以上，四分之三以下的票面，且票面上的图案和文字均能重新连接起来的，则可以半额兑换。纸币若缺少正十字形的四分之一，也可半额兑换。

在保险公司

保持适当的寿险，是一种道德责任，也是国民应该负起的义务。
——罗斯福（美国前总统）

　　保险公司通过提供保险服务，为投保人承担风险。随着经济的发展，人们的生活越来越离不开保险。

精算师：
保险界的数学高手

　　精算师是数学方面的专业人员。投保人应该缴纳多少保险费，保险公司应该赔付给投保人多少钱等，这些问题主要是由精算师来解决的。精算师不仅要具备较强的数学能力，还要通晓金融、经济、统计、财务会计等知识，为保险公司开发设计新产品，计算保险费、赔付准备金、分红、保险额、退休金、年金等。

从事金融保险工作，你需要……

★ 掌握金融、数学、经济、统计、编程等相关专业知识。

★ 具有高水准的职业操守和服务意识，能够为客户提供专业、及时、贴心、高效的服务。

★ 擅长人际沟通。

精算师在计算保险费

车险理赔员在鉴定车辆损坏程度

保险理赔员：
负责保险索赔业务

保险理赔员主要负责完成理赔方面的各项调查、勘定等任务。在收到任务通知以后，保险理赔员要组织相关人员到现场进行查看，并核定损失，为后期的保险理赔工作取证并收集资料。如果有必要，保险理赔员还会依法从公安局、医院等地方调取记录，确定保险公司应当承担的责任。

通常，保险理赔可以分为保险人直接理赔和保险代理人理赔。在财险和责任险中，理赔员通常分为理赔代理人、公司理赔员、独立理赔员、公众理赔员等。

保险理赔员小心"四宗罪"

一宗罪：编造并未发生的事故骗取理赔金。

二宗罪：与投保人、被保险人或受益人互相勾结骗取保险金。

三宗罪：非法接受他人财物为其谋取利益，或收取各种名义的回扣和手续费等。

四宗罪：为获得某种利益而以各种手段贿赂相关工作人员。

保险理财规划师：为家庭财务做规划

购买保险也是一种理财方式。通常，人们在购买保险产品时，会向保险理财规划师进行咨询，保险理财规划师会根据客户的资产状况和理财意向，制订出一份最佳理财规划。理财规划包括储蓄、保险、金融投资、子女教育、个人养老、税务以及遗产规划等方面。

做保险理财规划师，除了要精通股票、基金、期货、债券、外汇、保险等各种金融知识外，还要有一定的销售能力，并对客户负责，保障客户的利益。一名优秀的保险理财规划师可以说是很多客户的"钱包秘书"。

保险理财规划师在为客户做财务规划

市场管理员：市场生活的管理者

　　市场管理员的工作主要是制订本季度的产品营销计划。在此之前，市场管理员需要对市场销售状况进行调查，全面了解市场现状，然后带领团队制订新的营销策略，保证本季度销售目标能够顺利完成。

了不起的市场营销大师

　　★菲利普·科特勒：美国经济学教授，"现代营销学之父"，著有《营销管理》《混沌时代的管理和营销》等。

　　★唐·舒尔茨博士：美国整合营销传播教授，开创了整合营销传播理论，代表作品有《整合营销传播》。

成为一名市场管理员，你需要……

★ 熟悉市场营销知识，具备营销技能。

★ 有魄力，头脑灵活，富有创意。

★ 具有出色的表达能力，能够将自己的想法和计划完美呈现给大家。

市场管理员在宣讲营销策略

在拍卖行

在拍卖行里，一幅珍贵的油画作品正在被拍卖，拍卖师报出了起拍价，人们竞相报价，场面非常热闹。

拍卖师：拍卖会的灵魂人物

拍卖师的工作主要是主持拍卖会。在拍卖会开始之前，拍卖师还会参与拍卖会策划、招商等多项工作。如果拍卖的物品不止一件，拍卖师需要为拍卖品制订最佳的拍卖顺序，以便让竞拍取得良好的效果。

早在公元前5世纪就出现拍卖活动啦！不过到了公元2世纪，拍卖行才形成，而现代意义上的拍卖行，则起源于18世纪的英国。

了不起的拍卖行

1744年，英国伦敦成立了第一家拍卖行——苏富比（Sotheby's）。它不仅是世界上历史最悠久的拍卖行，而且也是世界上唯一一家拥有英国文学研究专家的拍卖公司。

316

成为一名拍卖师，你需要……

★ 掌握拍卖相关知识与技巧，考取拍卖师职业资格证书。

★ 学识广博，了解拍卖品的价值。

★ 善于观察，能洞悉买家的心思。

★ 有良好的口才和现场掌控力，能够把握拍卖节奏、调节气氛等。

★ 具有良好的身体素质和心理素质。

★ 了解相关法律法规，遵守职业道德。

拍卖会现场

387

鉴定估价师：发掘物品的价值

怎么确认一件物品有没有价值呢？我们需要鉴定估价师来帮忙，他们会从专业的角度来评判物品的真伪、价值等，并估算出一个比较合理的价格。

鉴定估价师的工作主要是对古玩、奢侈品、罚没物品、抵债物资等进行鉴定和估价。他们有的就职于拍卖行、典当行等机构，有的则独立工作。

怎样鉴定一幅字画？

鉴定一幅字画的真假，鉴定估价师不仅要熟悉这位书画家的艺术风格，还要了解这幅画创作的时代背景、当时流行的作画材质，观察画作上的落款、印章等。此外，还需观察画面展现的内容是否属实，比如画作中人物的穿戴是否符合史实。

鉴定估价师在鉴定文物

成为一名鉴定估价师，你需要……

★ 掌握鉴定、估价等相关知识与技能。

★ 对需鉴定物品有深入研究，例如古玩鉴定家需精通古玩类物品的相关文化。

★ 掌握一定的商品流通知识，了解鉴定物品市场行情与价格发展趋势。

★ 具有良好的观察、判断能力。

★ 掌握相关法律法规，遵守职业道德。

人才管理

职场需要各种人才，也需要发现人才、培训人才、管理人才的人，他们维护着职场的"生态平衡"。

企业培训师：提升员工的素质

企业培训师就像职场中的老师，根据企业发展的需要，为员工传授职业技能、先进理念等。著名的企业管理学教授沃伦·本尼斯曾经说过："员工培训是企业风险最小、收益最大的战略性投资。"由此可见，企业培训对一个公司的发展非常重要。

成为一名企业培训师，你需要……

★ 掌握企业培训相关知识与技能。

★ 了解相关企业文化与培训学员的特点，因材施教。

★ 具有良好的表达能力和沟通能力。

★ 具有良好的学习能力、创新能力、研究开发能力等。

★ 心理素质好，不怯场，能够灵活应对突发状况。

企业培训师在做培训

人力资源管理师：人际关系的调控者

人力资源管理师的主要职责是为企业招聘合适的人才，并负责培训开发、制订薪酬福利与业绩考核标准、协调员工关系等工作。

人力资源管理师在面试员工

成为一名人力资源管理师，你需要……

★ 掌握人力资源管理相关知识与技能。

★ 有创意，能够根据企业需求，制订恰当的管理模式。

★ 掌握心理学、人际沟通学等知识，擅长人际交往。

★ 具有良好的团队管理能力、协调能力和判断力，能够量才适用。

了不起的管理大师

戴维·尤里奇是美国密歇根大学罗斯商学院教授，他第一个提出了"人力资源"这一概念，被誉为人力资源管理的开创者。他的著作《人力资源管理的未来》《如何通过人员和组织构建价值》等，受到众多管理人士的青睐。

公关员：管理公共关系的交际高手

公关员的主要职责是为机构组织传播信息、协调关系、管理形象等。收集、听取公众意见，制订品牌形象宣传计划，处理组织与公众之间的矛盾，应对突发危机事件等，都属于公关员的工作内容。

成为一名公关员，你需要……

★ 掌握与公关相关的新闻、广告、营销等方面的知识与技能。

★ 拥有良好的口头、书面表达能力和谈判技巧，善于沟通与交际。

★ 具有良好的组织管理能力、市场调研能力、临场应变能力等。

★ 有良好的形象和气质，性格开朗。

★ 有创造力，能够制订出充满创意的宣传方案。

公关员的职业守则

奉公守法，遵守公德；敬业爱岗，忠于职责；
坚持原则，处事公正；求真务实，高效勤奋；
顾全大局，严守机密；维护信誉，诚实有信；
服务公众，贡献社会；精研业务，锐意创新。

公关员对突发事件做出回应

在酒店

酒店是专门为顾客提供餐饮、住宿等服务的地方，这里的工作人员在上岗前通常需要经过专业培训，他们往往分工明确，服务细致。

酒店工作人员：提供酒店服务

在酒店内，通常有行政部、前厅部、客房部、餐饮部、后勤部、康乐部、保安部等部门。他们各司其职，为顾客提供专业的服务。

行政部

行政部是酒店的管理部门。总经理、副总经理以及酒店各部门经理等都属于酒店的行政管理人员。

客房部

客房部是酒店的主体部门，主要负责为顾客提供客房服务，完成客房整理、打扫等工作。客房服务员要保证客房内物品整洁，及时更换床单、被罩等物品。

后勤部

后勤部主要负责为酒店各部门提供后勤保障，例如客房床单、被罩等洗涤工作都是由该部门完成的。

前厅部

前厅部负责接待顾客，并为顾客办理入住和退房等事宜。

看，一名前台接待员正在为顾客办理入住登记。

酒店餐饮调查员：评价餐厅服务

通常，酒店餐饮调查员会"乔装"成普通的顾客，到酒店餐厅用餐，品尝餐点，并对餐厅服务做出评价，然后将评价报告交给酒店管理人员，帮助酒店不断提升餐饮服务水平。

餐饮部

一些大型酒店都设有餐饮部，为顾客提供食物。人们可以去餐厅就餐，也可以叫客房服务送餐。

成为一名酒店工作人员，你需要……

★ 形象端庄、大方，体力充沛，能够承受酒店旺季的高强度工作。

★ 经过健康检查、专业培训等，能为顾客提供专业服务。

★ 擅长沟通和人际交往。

★ 具有良好的应变能力，出现问题时能够冷静、理智地处理。

★ 酒店管理人员需要具备专业的酒店管理知识与技巧。

秘书：协助领导处理政务

秘书是协助领导处理日常事务和各种办公室繁杂事物的专业人士。他们以辅助决策、综合协调、沟通信息为主要职责，是领导者的参谋和助手。

董秘

董秘可不是姓董的秘书，也不是董事长的秘书，而是董事会秘书。董秘作为上市企业高管，主要负责企业与证券交易所之间的沟通工作，对外发布公司信息，对内管理股权各项事务，保障企业的规范运作。作为企业的对外"窗口"，董秘不但要具备良好的沟通能力、协调能力，更要具备灵活的处事能力和应变能力。

成为一名秘书，你需要……

★ 擅长人际交往，能有效协调各部门的关系。

★ 擅长写作，能撰写文书。

★ 心思细腻，逻辑清晰，能全面安排各项工作。

★ 头脑灵活，能巧妙应对突发事件。

★ 形象端庄大方，举止得体。

除此之外，在政府部门或事业单位工作的秘书还要考取公务员。

国际秘书节

秘书还有自己的节日呢！每年4月最后一个星期三被定为"国际秘书节"，这一周也被称为"国际秘书周"。这个节日是由国际专业秘书协会设定的，目的是表达对秘书及其工作的肯定。

秘书在接听电话

星探在筛选照片

文化经纪人：
供求双方的媒介

文化经纪人在影视、出版、美术、文物、体育等文化市场上充当媒介，通过帮助供求双方沟通合作来收取佣金。

文化经纪人可分为影视明星经纪人、演出经纪人、出版经纪人、模特经纪人、音乐经纪人、娱乐经纪人、体育明星经纪人等。

成为一名文化经纪人，你需要……

★ 经过专业培训，取得职业资格证书。

★ 善于沟通，能够了解文化工作者的想法，为其规划合适的工作方案。

★ 拥有深厚的文化积淀，了解文化市场动态，具有敏锐的市场洞察力。

★ 有良好的判断力、公关能力等。

★ 遵守职业道德，具有良好的职业形象。

星探——演艺界的"伯乐"

星探是专门负责挖掘演艺界明日之星的人。他们通常受雇于电影公司、唱片公司等，在大街上、人群中寻找有明星潜质的人。很多当红的明星就是被星探发现，然后进入演艺界的。

广告设计师：
创意无限的设计者

> 不要设计那些你甚至不愿你的家人看到的广告。
> ——大卫·奥格威（英国广告设计师）

　　广告设计是当下比较热门的职业，许多广告公司、营销策划公司、传媒公司等都需要广告设计师。广告设计师是从事广告策划、制作的人，主要负责为产品制订宣传方案。他们不仅要将商品的优点集中提供在广告中，还要让广告看起来真实而有创意。

著名广告设计师大卫·奥格威

　　大卫·奥格威出生于英国，是一位大器晚成的广告设计师。他很晚才进入广告业，但靠着自己的不懈努力以及天才般的创造力，成了现代广告业的一代宗师。他创办了奥美广告公司，成为世界广告公司八强中的佼佼者，受到了上百个国家的人民的推崇。他亲自设计广告，并写书将自己的设计哲学传播给大众。他曾说："客户不是白痴，她是你的妻子，不要侮辱她的智力。"这句话一度被广告从业者视为黄金定律。

成为一名广告设计师，你需要……

★ 掌握与广告相关的专业知识。

★ 知识面广，拥有良好的写作功底、文化素养等。

★ 头脑灵活，善于发现、接受新鲜事物，敢于创新。

★ 拥有良好的视觉，无色弱、色盲等视觉缺陷。

★ 具有较强的广告设计能力，善于创新。

★ 具有良好的沟通能力，擅长团队合作。

★ 会使用相关的广告设计软件。

广告设计师们在讨论方案

电子商务人员：在网上做生意

电子商务人员主要是指通过网络进行商务活动的人。他们的工作一般包括建立、运营网站，宣传、维护产品，进行网上交易等。

电子商务人员的分类

★**技术性人员：**主要负责网站设计，如网站编辑人员、网站设计与开发人员、网站美工人员、数据库维护人员等。

★**商务性人员：**主要负责网站运营，如网络营销人员、外贸电子商务人员、网络市场调查人员、网络推广人员、搜索引擎营销人员等。

此外，还有客服、仓储人员等其他工作人员。

成为一名电子商务人员，你需要……

★ 掌握专业的电商知识，熟悉电商运作流程。

★ 熟悉网络交易，会使用相关交易软件。

★ 了解市场动态，能与时俱进。

★ 有一定的人际沟通能力和团队协作能力。

★ 电子商务营销人员还要具备营销能力。

★ 网站美工人员要掌握各种相关软件的使用方法。

电子商务人员在与客户沟通

了不起的电商企业家

★**马云：**中国电商界的风云人物，阿里巴巴集团最重要的创始人。

★**杰夫·贝佐斯：**亚马逊公司的创始人，曾经坚持不懈地扭转了连续亏损20年的局面，使亚马逊公司成了一家市值3500亿美元的电商巨头企业。

> 精神健康的人，总是努力地工作及爱人。只要能做到这两件事，其他的事就没有什么困难。
> ——弗洛伊德（奥地利心理学家）

心理咨询师：
解决心理健康问题

　　心理咨询师的主要职责是运用心理学及相关知识，通过心理咨询的技术与方法，帮助求助者解决心理问题，使其拥有积极、健康的心理。

成为一名心理咨询师，你需要……

★ 掌握心理学、教育学、医学等相关专业知识，掌握心理咨询的专业技术与方法。

★ 具有良好的观察力、理解力、沟通能力。

★ 善于倾听，有包容心。

★ 形象良好，有亲和力、感染力等。

　　还有一点非常重要：一定要为求助者做好保密工作！因为许多心理咨询涉及个人隐私，所以心理咨询师要具备良好的职业道德。

心理治疗方式

　　治疗心理疾病的方式有很多，比较常见的是个别心理治疗，即心理咨询师和求助者一对一交流。

　　有时心理咨询师会把有相同问题的人组成团体，通过集体互动的方式来帮助求助者解决心理问题。

　　有时心理咨询师还会根据求助者的特点，让家庭成员陪同求助者一起进行心理治疗。

神奇的催眠疗法

催眠疗法是一种历史悠久的心理治疗方法，可以追溯到 18 世纪，最早使用这种方法的人是一名奥地利医生。其实被催眠的人并不是真正睡着了，他们的意识还在。心理咨询师通过暗示引导求助者，帮助他们找到心理问题的根源。

了不起的心理学家——西格蒙德·弗洛伊德

西格蒙德·弗洛伊德是奥地利著名的精神病医师、心理学家，也是精神分析学派的创始人。他提出了"潜意识""本我""自我""超我"等概念，著有《梦的解析》《精神分析引论》等。他在潜意识方面的研究为现代医学做出了巨大贡献。

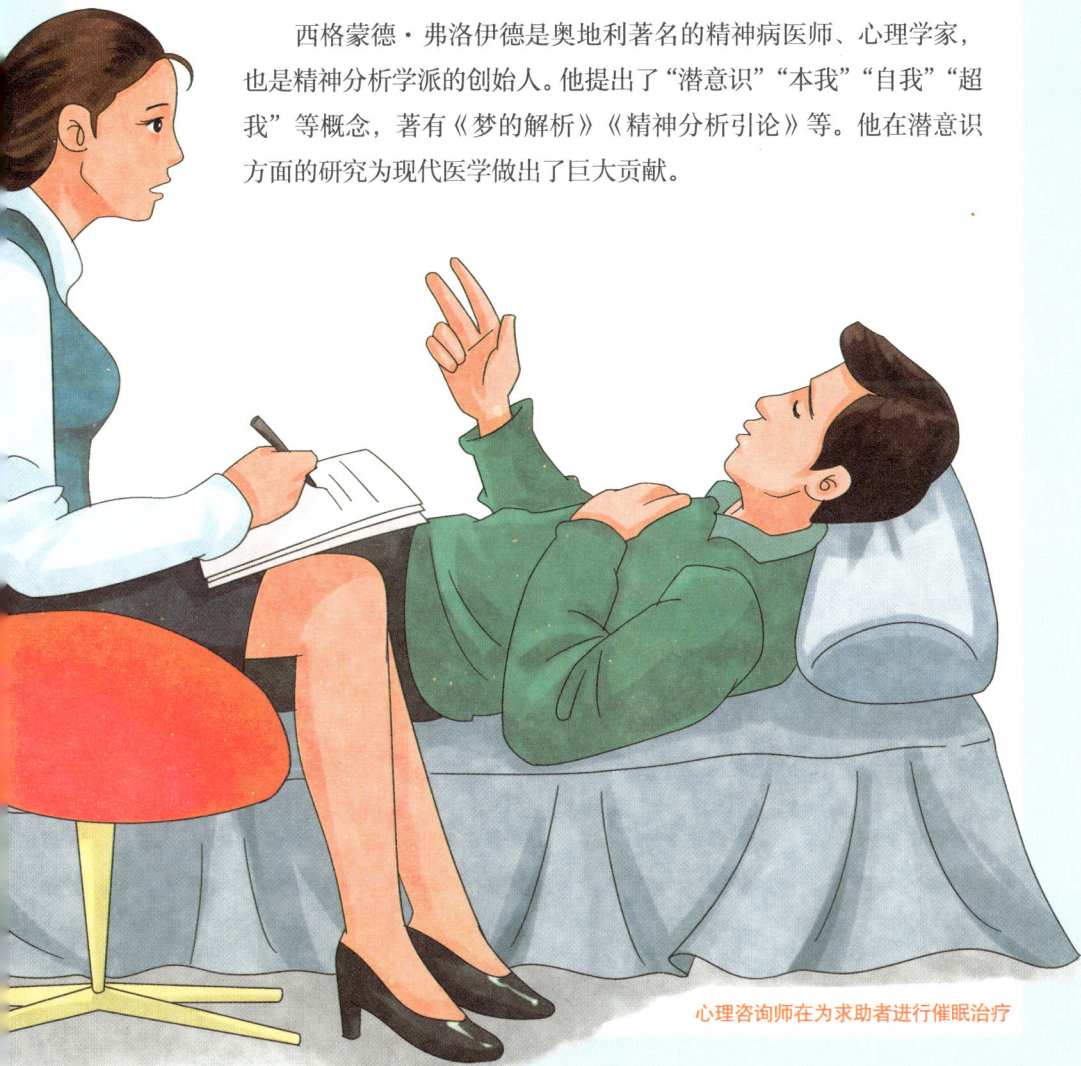

心理咨询师在为求助者进行催眠治疗

服装设计师：
创造流行时尚

> 为了创作出独特的东西，你的所有大脑神经必须集中在微小的细节上。
> ——服装设计行业格言

服装设计师主要是从事服装设计的专业人员，他们对当下的时尚趋势进行研究，能够预见消费者口味的变化，传达时尚的服装设计理念，让具体的设计能够被制造商所采用。

了不起的服装设计师——安娜·苏

安娜·苏是第三代华裔移民，也是一位著名的服装设计师。她的服装设计充满了古装气息和奢华的质感，不仅大胆，而且还带有些许叛逆的色彩。安娜·苏的设计风格充满了魔幻色彩，既妖艳又怪诞，很多音乐家和模特们都沉迷于其作品之中。

旗袍

旗袍是中国女性的传统服装，也是中国服饰文化的重要组成部分。

20 世纪 20 年代，旗袍成为中国最普遍的女子服装。在中国，不同年代旗袍的样式也有所不同。

随着时代的发展，旗袍成为很多设计师的灵感源泉。1929 年，旗袍被定为中国国家礼服之一。

1984 年，国务院指定旗袍为女性外交员礼服。2011 年，旗袍的手工制作艺术成为国家级非物质文化遗产。

服装设计师在设计服装

时尚之都、时装周

★ **法国巴黎**：巴黎是世界公认的时尚之都，也是世界高级女装的中心。最早的时装秀、最优秀的服装设计师都诞生在这里。巴黎时装周开始于 1910 年，以奢华为主要特色。

★ **美国纽约**：纽约是一座多元化的时尚都市，它的时装更大众化、平民化，追求自然。纽约时装周开始于 1943 年，常常云集许多国家的名模、明星和设计师。

★ **意大利米兰**：意大利是国际纺织品的生产大国，而且拥有强大的传统手工业，这为米兰时装的崛起奠定了坚实的基础。米兰时装周的特色是简约、新奇。

★ **英国伦敦**：伦敦是世界男装的中心，拥有许多历史悠久的服装品牌。伦敦时装周最大的亮点就是前卫，经常会出现一些别出心裁的"奇装异服"。

世界四大时装周均每年举行两次，分别为春夏时装周和秋冬时装周。

成为一名服装设计师，你需要……

★ 掌握服装、绘画等方面的相关专业知识与技能。

★ 了解中外服装的设计风格。

★ 对服装设计有较高的造诣，对时尚流行有很高的敏感度和很强的洞察力。

★ 熟悉服装面料、款式、色彩、结构、剪裁等。

★ 能够把握服装市场动向，洞悉市场需求。

★ 有丰富的想象力、良好的沟通能力等。

★ 无色弱、色盲等视觉缺陷。

服装设计师不仅要借鉴前人，更要大胆创新，这样才能真正成为引领时尚的人。

此外，要想成为一名优秀的服装设计师，还要有自己独树一帜的风格。

附录：有趣的新奇职业

蚊子采集者：为消灭疟疾而"献身"

蚊子是疟疾的传播者。为了彻底消灭疟疾，一些研究人员拿自己的身体当诱饵，来采集蚊子。采集蚊子时，研究人员会脱掉衣服，将身体的一部分完全暴露出来，当蚊子落到自己身上吸血的时候，他们会用一个带滤网的管子把蚊子吸进去。

原本人们是用老鼠来引诱蚊子的，但随着反对虐待实验动物协议的执行，许多研究人员只好亲自上阵引诱蚊子了，还真是"舍不得孩子套不住狼啊"！

成为一名蚊子采集者，你需要……

★ 有健康的身体，精力充沛。

★ 热爱医学研究，掌握相关的医学知识，能够为医学研究"献身"。

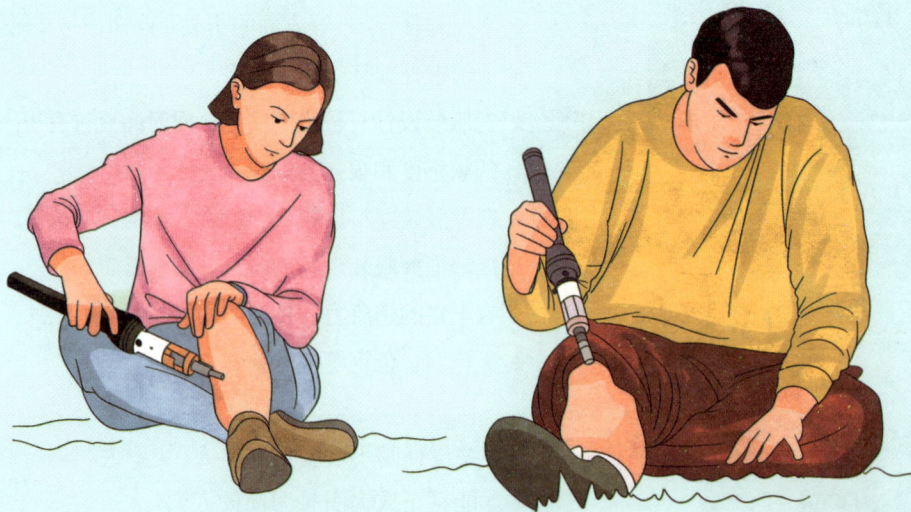

蚊子采集者在拿自己的身体当诱饵

口臭测试员：守护口腔卫生

口臭测试员主要负责检验口香糖、漱口水等产品的食用和使用效果。被测试的人要先喝酒、吃大蒜或其他味道浓烈的食物，然后口臭测试员来闻其口臭程度，并按照级别打分；被测试的人再嚼口香糖或用漱口水，口臭测试员再闻一闻，以此来检验口香糖和漱口水的效果。

成为一名口臭测试员，你需要……

★ 有敏锐的嗅觉。

★ 有良好的心理素质，有强大的心理承受能力。

★ 了解气味和口腔产品等相关知识。

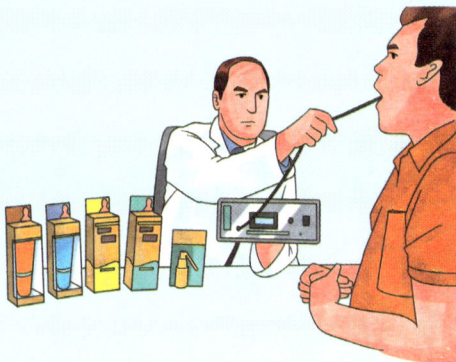

口臭测试员在进行口臭测试

闻屁师：专门与臭气打交道

闻屁师能够通过鼻子来辨别臭鸡蛋味、霉腐味、粪臭味以及异常的香味等并为之划定级别，确定其是否符合排放标准。也有一些闻屁师通过闻屁的味道来判断人们的身体状况。尽管闻屁师常年与臭气打交道，大家也不必为他们的健康担心，因为实验用的臭气都是经过高度稀释的，不会危害身体健康。

闻屁师在闻臭气

成为一名闻屁师，你需要……

★ 了解与气味、医学、环境等相关的专业知识。

★ 拥有敏锐的嗅觉，没有嗅觉器官疾病，能够分辨出花香、汗臭、水果香等单一气味。

★ 没有抽烟、喝酒等不良嗜好。

★ 有良好的心理素质。

体臭测试员：判断体臭程度

人们在购买止汗剂、香体露等产品的时候，会根据自己的体臭程度来选择。那么，怎样才能知道自己的体臭程度呢？这就需要体臭测试员出马了。他们的工作主要是通过闻别人腋下的体味，判断其体臭程度，制作出对应的产品。

成为一名体臭测试员，你需要……

★ 拥有敏锐的嗅觉。

★ 有良好的心理素质，有强大的心理承受能力。

★ 了解气味和身体护理产品等相关知识。

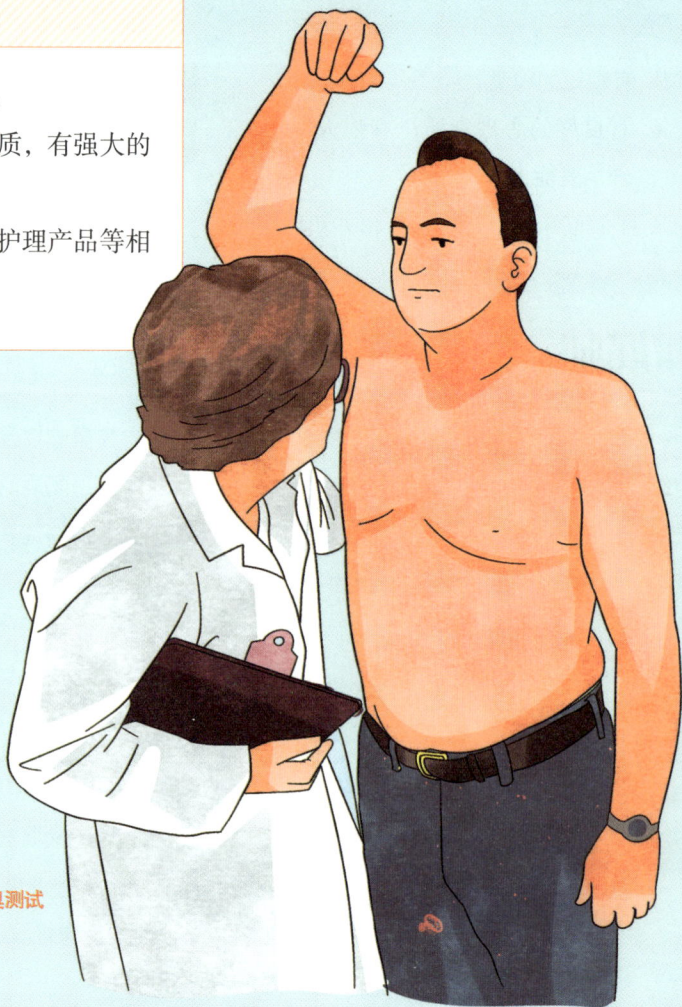

体臭测试员在进行体臭测试

职业杀价手：省钱高手

当购买建材、家电、家具等价格比较高的商品时，人们通常会请职业杀价手来帮忙杀价。杀价手会通过货比三家、寻找产品缺点等方法，来迫使商家做出让步，帮助消费者以更优惠的价格买到商品。消费者会支付一笔劳务费给杀价手作为报酬。

职业杀价手在杀价

成为一名职业杀价手，你需要……

★ 能言善辩，有良好的心理素质。
★ 在某个行业工作多年，拥有丰富的经验，了解商品价格和市场变化。

随着网络购物的快速发展，现在还出现了网络杀价手呢！他们主要通过网络平台获悉消费者的需求，帮助消费者用优惠的价格买到商品。网络杀价手除了掌握某个特定行业的知识外，往往还要对电子商务、网络技术等相关知识有一定的了解。